LETTRE

A M. ROUSSEAU,

Au sujet de sa Lettre à M. D'Alembert.

Par *M. DE BASTIDE,*

Auteur du Nouveau Spectateur.

A AMSTERDAM.

M. DCC LVIII.

LETTRE
A M. ROUSSEAU.

AVANT-PROPOS.

Venit ad me sæpe clamitans :
Veſtitu nimium indulges , nimium ineptus es.
Nimium ipſe eſt durus , præter æquum bonum-
que. TER.

Il vient ſouvent me crier aux oreilles , vous aimez trop la bagatelle , vous donnez trop dans l'ajuſtement , mais il ne ſonge pas que ſa ſévérité s'écarte de l'équité & de la bienſéance.

JE voudrois que l'on ſe fût bien examiné , bien connu , avant qué de prendre un parti contre les hommes.

A

Celui de les fuir dans la folitude , ou d'écrire conftamment contr'eux, doit avoir les fuites les plus fâcheufes , & peut coûter jufqu'à l'eftime des plus grands talens. Il eft un homme qui m'arrache ces réflexions. Si je le con- noiffois , je ne les communiquerois qu'à lui feul ; s'il n'étoit point abfent , je chercherois à le connoître pour les lui communiquer ; il les pardonneroit à mon cœur. Il verroit le fentiment dans mes difcours ; en les écoutant, il fe connoîtroit ; & en fe connoiffant , il verroit que, s'il peut être vrai que *l'homme qui médite foit un animal dé- pravé* (1) , il eft encore plus poffible que celui qui voit la fource de cette vérité dans le cœur de l'homme, de- vienne infenfiblement le plus injufte & le plus malheureux des hommes. Ne pouvant lui parler à lui-même , je prends le parti de lui écrire. Son

(1) Difcours fur l'inégalité des conditions.

état m'afflige & me preſſe. Il nous apprend qu'il avoit un ami ; il fut donc ſenſible ? Mais il nous apprend *qu'il n'en veut plus* ; il eſt donc malheureux ! Des réſolutions pareilles ne ſont point l'ouvrage de la raiſon ; ſi elle les inſpiroit, il faudroit croire que Dieu a réſervé ſes bienfaits pour les tigres. C'eſt dans la douleur que cette ſorte de ſuicide a été conçu. Un philoſophe, un homme libre, voit néceſſairement plus de défauts dans ſon ami, que nous n'en voyons dans celui que le plaiſir offre à nos cœurs dans le tourbillon des amuſemens & des affaires. Il faut que plus de ſageſſe emporte plus de ſévérité ; ſans compter que l'indépendance, compagne inquiete & deſpotique de la philoſophie, exige encore plus de perfection dans l'objet d'un attachement, que la raiſon la plus auſtere n'en peut exiger. La premiere penſée, la réflexion conſ-

tante d'un sage , que le mécontente-
ment vient à défabuser de cette chi-
mere de perfection , qui l'avoit féduit
dans fon ami , c'eft *j'étois libre ,
& je ne le fuis plus ; vos défauts , que
je fuis obligé de fupporter , font des
chaînes qui s'appefantiffent chaque jour.*
Cette réflexion eft amere ; quand on
l'a faite une fois , l'ami , dont on fe
plaint , ne peut plus échapper à l'exagération ; & le terme de toutes les
idées , & de tous les fentimens qu'en-
traîne ce fentiment injufte , c'eft la
rupture & la mifanthropie. La fermentation paffe du fang dans les écrits qui
échappent enfuite. On ne veut plus
avoir d'ami , on eft à plaindre ; mais
on annonce qu'on n'en veut plus , &
cette réfolution paroît cruelle. Tel
eft l'homme dont je parle. La France
dévore fes écrits & condamne fes fentimens ; moi , j'examine fon cœur , &
je plains fa fituation. Je vais m'enen-

tretenir avec lui. Il entendra la voix
de l'humanité ; il la diftinguera de ce
cri odieux que le faux zele prêta fi
fouvent à la fatyre, & qui tant de fois
déja offenfa fes oreilles, au lieu de
convertir fon cœur. Il eft philofophe ?
il doit fçavoir écouter ; & je fens que
je l'eftime affez pour trouver dans mes
fentimens le don de l'engager à m'entendre.

M O N S I E U R,

Je viens de lire votre lettre à M.
d'Alembert. Je laiffe à d'autres le foin
d'en examiner le fyftême, & d'exal-
ter l'élégance & la force de votre ftyle.
Je n'y ai confidéré que votre cœur,
ou du moins vos fentimens préfens ;
& mes réflexions ne porteront que fur
cet objet principal.

Permettez - moi de vous le demander, Monfieur : vous avez une mau-
vaife fanté, des accès fréquens ? Avez-

A iij

vous toujours attendu le calme du fang, le retour de la circulation, pour porter fur les hommes ces yeux qui verroient fi bien, fi l'efprit, les connoiffances & la réflexion fuffifoient, dans tous les cas, pour faire l'homme que vous croyez être, quand vous nous condamnez ? Je crois que non. La nature & l'expérience nous apprennent qu'un homme qui fouffre a de l'humeur, & que l'humeur corrompt tous les jugemens de l'efprit le plus droit, auffi aifément qu'elle le porte à juger. J'ai connu cet état, Monfieur ; il m'en refte un fouvenir qui fe tourne en fentiment pour vous ; auffi n'eft-ce pas vos idées que j'examinerai dans votre livre ; ce font vos fentimens, vos motifs, vos douleurs, que je veux rechercher dans vos idées.

Le monde vous importunoit ; vous étiez malade ; vous vous êtes jetté dans la folitude, & c'eft de-là que vous écrivez ! Auriez-vous pu ne pas écrire avec humeur ! Oui, Monfieur, avec humeur. Mais quelle en eft la premiere caufe ? La fatale affectation de méprifer les hommes. Votre état eft venu de-là. A force de calomnier la fociété, fes membres, les arts qui l'embelliffent, vous vous êtes rempli de vos propres difcours; le mal a empiré : une conftante exagération, un ton fevere, une malheureufe difpofition à nous ravaler, ont été caufe que vous nous avez fait éprouver des outrages, quand même vous étiez affez heureux pour pouvoir nous faire entendre des vérités. Cependant je fuis perfuadé que l'erreur y eft moins que l'intention, que vous voyez encore clairement la vérité, & que le mal de tout ceci vient principalement de ce que vous ne voulez pas dire ce que vous penfez. Il faut, malheureufement pour nous, que cette bifarrerie ait gagné l'homme le plus digne , par fa fageffe , de nous inftruire ; & par fon éloquence , de nous perfuader. Hélas! il en eft puni lui-même. Il n'a pas affez aimé les hommes, pour être de bonne foi avec eux , & les hommes fe font vengés d'un procédé que fon mérite infini leur a fait envifager comme cruel. Ils l'auroient admiré & chéri, ils l'ont haï & perfécuté. C'eft de vos propres aveux que naiffent les regrets que je vous montre ici. Vous avouez dans votre Préface que les hommes vous ont fait beaucoup de mal : pourquoi n'avez-vous pas voulu nous faire du bien ? Vous le pouviez fi aifément. Ici toutes vos qualités , tous vos avantages , toutes vos vertus , viennent s'offrir à mon efprit pour augmenter mes regrets & mes reffources contre vous... Mais oublions ce qui fut , & réparons ce qui eft. Il n'y faut pas un

miracle, ou du moins je ne crois pas
ce miracle impoſſible. Vous eûtes un
ami ? Que ne doit-on pas attendre
d'un homme qui aima.

Dans l'état où vous êtes, je vous
perſuaderois mal la poſſibilité de votre
guériſon, ſi je ne vous propoſois des
remedes particuliers. Je conſens donc
à vous abandonner les hommes, juſ=
qu'à ce que vous ſoyez parfaitement
guéri. Mais les femmes, Monſieur ?
Croyez - vous qu'une amie douce,
complaiſante, ſpirituelle & raiſonna=
ble, fût incapable de faire couler dans
votre ame ſes maximes & ſes mœurs ?
Les femmes... A ce nom, le cœur
s'attendrit, les oreilles s'ouvrent pour
recevoir un ſon agréable, l'eſprit s'é-
claire & s'étend, ... la vérité & le
plaiſir brillent devant vous, & leur
flambeau vous montre le bonheur uni
à la raiſon dans les plus beaux yeux du
monde. Quel tableau je vous préſente !

A v

Daignez le confidérer un moment. Mais que vois-je ? Vous le foulez aux pieds ? Vos mains cruelles déchirent les graces, & à leur place, vous m'offrez les Euménides. Les Euménides.... Y penfez-vous ? . . . Mais ce procédé violent provient peut-être de votre état ! La maladie, les accès.... Oui, ce ne peut être que cela. Les difcours fublimes qui vous échappent en ce moment, ne fervent qu'à m'en convaincre : le charme des graces eft connu ; quand on l'attaque, beaucoup d'efprit ne fert qu'à prouver beaucoup de fermentation. Il faut donc entreprendre de vous calmer.

Vous méprifez les femmes, vous les haïffez, leur vrai portrait vous irrite ! Ce n'eft pas le mal qu'elles vous ont fait, qui vous donne ces fentimens furieux : c'eft le mal que vous fouffrez, qui, s'emparant de votre efprit comme de vos fens, vous porte à des fureurs.... Vous dites que *l'amour est le regne des femmes* , & de-là vous concluez que nous sommes mal gouvernés. Oui, Monsieur, elles regnent sur nous, la nature les plaça sur le trône en les formant, & nous fit naître à leurs genoux ; mais notre bonheur commença avec leur empire, & la preuve de cela, la preuve qu'o-riginairement cet ordre est bien , c'est qu'il est l'ouvrage de la nature , confirmé par nos cœurs. Si vous étiez en bonne santé , si vous aviez les sens tranquilles , la vue libre , vous vous rendriez à une conclusion qui justifie un plaisir. Je confesse que l'artifice , la vanité , le despotisme, ont un peu altéré , dans ces souveraines , l'inno-cence de leur domination ; mais nous n'aurions pas ce reproche à leur faire , si nous nous étions conduits avec elles de façon à ne pas mériter nous-mêmes leurs reproches : l'amour n'a pas suffi pour nous rendre heureux ; le plaifir nous a rendu ingrats , la douceur nous a rendu téméraires ; nous avons voulu régner à notre tour ; ont-elles dû confentir à recevoir des fers ? Non , fans doute ; & vous les méprieriez encore plus , comme efclaves , que comme tyrans. Notre révolte a caufé tout le mal dont vous gémiffez pour nous , & nous ne leur ferons jamais un feul reproche qui ne rappelle l'idée de nos crimes. J'avoue que toutes les femmes réduites à nous faire fentir le defpotifme , n'y ont pas employé des moyens dignes d'enchaîner des *hommes* : mais ce mal , cet outrage , fi vous voulez , eft très-peu de chofe en lui-même ; car vous voyez que ce ne font pas les plus foumis qui fe plaignent le plus. D'ailleurs , pouvez-vous dire que des êtres que la dépendance rendoit heureux , & qui n'étoient enchaînés que de fleurs , con[feffff]ervent encore le droit d'e-

(13)

xiger beaucoup d'égards après s'être
odieusement révoltés contre des maîtres qui ne leur demandoient que des
desirs & de la constance ? Cependant
beaucoup de femmes ont foulé leur
privilege à leurs pieds en notre faveur, & paroissent avoir voulu nous
élever par leur mérite en nous asser-
vissant par leur pouvoir. Combien,
en effet, n'en est-il pas, quoi que vous
puissiez dire, qui ont les qualités, les
talens, le génie, l'ame des plus
grands hommes ! Combien même
n'en est-il pas, aux vertus, à l'éléva-
tion, au courage desquelles on doit
des héros & des chef-d'œuvres ! Ces
louanges sont des vérités, Monsieur ;
mais elles vont se perdre dans le gouf-
fre de vos maux. Cependant la vérité
ne vous échappe pas toute entiere ;
vous convenez *qu'il peut y avoir quel-*
ques femmes dignes d'être écoutées d'un
honnête homme. Combien cet aveu

ne fait-il pas contre vous ! La nature vous l'arrache ; oui, la nature ; elle pense à vous : vous nous l'apprenez vous même, en disant que *le plus charmant objet de la nature, le plus capable d'émouvoir un cœur sensible, & de le porter au bien, est une femme aimable & vertueuse.* Cet objet existe donc ? le loüeriez-vous avec tant de complaisance, si vous le croyez imaginaire ! Vous sentez donc qu'il y a des femmes qu'on ne peut trop chérir?... Mais vous disputez sur le nombre, & vous dites que votre aveu ne fait contre vous, que comme exception. Eh bien, Monsieur, je serai assez généreux pour ne le regarder que comme tel : je cherche à vous persuader ; il vous faut des raisons ; je suis en état de vous en donner. Je connois les femmes : j'ai eu vos erreurs : le plaisir me les a fait perdre ; l'estime m'en a fait rougir ; & je m'acquitte en combattant pour elles.

Vous voulez nous prouver que l'inconstance, le libertinage, la futilité, l'impertinence sont leurs attributs essentiels, & les effets de leur nature ? Vous faites plus ; vous voulez nous convaincre que nous sommes intérieurement persuadés qu'étant ainsi , elles sont comme elles doivent être ; & vous prétendez y avoir bien réussi , en disant , que chez nous *la femme la plus estimée, est celle qui fait le plus de bruit , de qui l'on parle le plus , qu'on voit le plus dans le monde , chez qui l'on dîne le plus souvent , qui donne le plus impérieusement le ton , qui juge , tranche , décide , prononce , assigne aux talens , au mérite , aux vertus , leurs dégrés & leurs places , & dont les humbles sçavans mendient le plus bassement la protection.* Non , Monsieur , ce n'est point là la femme que nous estimons. Vous croyez nous confondre par cette injurieuse imputation ? Vous nous faites

fentir, au contraire , que nous avons
la véritable idée du mérite ; car
le jugement qu'en général nous por-
tons de pareille femme ; notre procédé même envers elle , eft bien contraire à celui que vous nous imputez.
Vous avez vécu dans la retraite ! Si
vous vous étiez plus communiqué, nos
épigrammes fur le babil , notre haine
pour le faux fçavoir , notre courroux
contre la fauffe importance , vous
euffent édifié ; vous euffiez appris à
nous eftimer. Mais vous étiez malade. . . .

Paffons à d'autres objets. Vous ac-
cufez les femmes de ne rien fçavoir
& de ne rien fentir. Quel blafphême !
L'inexpérience même & l'ignorance
ne peuvent aller jufques-là. Ici votre
deffein , ou plutôt le chagrin de votre
humeur fe développe tout entier , &
vous nous forcez à vous plaindre, tout
contraire que vous êtes à nos plaifirs ,

tout cruel que vous voulez paroître
envers des objets qui font nous-mêmes. Il faut, Monſieur, que je vous
retrace vos propres diſcours, pour
voir ſi je ne pourrois pas vous éclairer
par vos propres réflexions. *Les femmes, dites-vous, n'aiment aucun art,
ne ſe connoiſſent à aucun, & n'ont aucun génie. Elles peuvent réuſſir aux pe-
tits ouvrages, qui ne demandent que de
la légéreté d'eſprit, du goût, de la gra-
ce, quelquefois même de la philoſophie
& du raiſonnement. Elles peuvent acqué-
rir de la ſcience, de l'érudition, des
talens, & tout ce qui s'acquiert à force
de travail. Mais ce feu céleſte qui échauf-
fe & embraſe l'ame ; ce génie qui conſu-
me & dévore ; cette brûlante éloquence,
ces tranſports ſublimes qui portent leurs
raviſſemens juſqu'au fonds des cœurs,
manqueront toujours aux écrits des femmes : ils ſont tous froids & jolis comme
elles ; ils auront tant d'eſprit que vous*

voudrez, jamais d'ame ; ils seroient cent fois plutôt sensés que passionnés : elles ne sçavent, ni sentir, ni décrire l'amour même.

En vérité, Monsieur, je n'oserois répondre sérieusement à tout cela, par respect pour le public, si son empressement pour tous vos écrits n'étoit pas tel que vos sentimens les plus erronés & les plus extraordinaires, reçoivent de votre célébrité le droit glorieux d'être combattus. D'ailleurs, je suis toujours persuadé que vous ne dites pas ce que vous pensez, ou du moins que vous ne pensez ce que vous dites en cette occasion, que parce que vous avez la tête échauffée. Je vais donc, non vous combattre, mais vous désabuser, parce que le public qui vous plaint en ce moment, attend un homme qui vous éclaire. Interrogez, Monsieur, nos plus grands Maîtres dans la plûpart des arts ; ils vous di-

ront combien les femmes aiment ces
arts , & s'y connoiffent. Ils vous diront que les plans les plus ingénieux ,
les idées les plus heureufes , leur font
fouvent venus des femmes ; qu'ils ont
éprouvé cent fois que d'un coup d'œil
elles voyoient tout ce qu'il falloit ajou-
ter à un ouvrage qu'eux - mêmes
croyoient fini ; que lorfqu'ils ont eu
le bonheur d'en avoir pour écolieres ,
ils ont trouvé fouvent qu'au bout de
trois jours ils parloient à des Maîtres ;
que les plus grands égards , les plus aimables attentions dont elles foient capables , ont été pour eux ; que lorfqu'elles écoutoient pour s'inftruire ,
elles prêtoient l'oreille la plus attenti-
ve ; & que cette exceffive attention ,
qu'on pourroit appeller fureur d'entendre , partoit moins d'un efprit qui
admire de bons principes , que d'un
génie qui crée , imagine , enfante ,
dès qu'il voit de bons principes à fui-

vre. Ils vous diront cela, & j'ajouterai, au rifque de vous donner des remords, que leur feul amour pour vos ouvrages, leur impartialité quand vous les attaquiez, leur courroux quand on vous attaquoit, ont prouvé cent fois, que le génie & les arts ont en elles les protecteurs les plus paffionnés & les plus éclairés... A l'égard de la paffion, que vous dites qu'elles ne font capables de fentir ni d'exprimer, je vous avoue que la plume me tombe des mains en cet endroit. Quoi ! Monfieur, tant de Lettres paffionnées, tant de Romans attendriffans, n'ont pu faire aucun effet fur votre ame ! Vous êtes bien malheureux. Mais, dites-vous, ces ouvrages, quoique attribués à des femmes, ont été écrits par des hommes : eh bien, je vous renvoye à ces éclats de paffion, de jaloufie, d'ivreffe, qui nous ont forcé de tout temps à reconnoître dans les femmes

une sensibilité , une violence tout-à-
fait incompréhensibles. Informez-
vous de l'excès où s'emporta Made-
moifelle le Couvreur dans les derniers
temps de sa vie : vous sçaurez que fu-
rieuse d'une infidélité que lui faisoit
le Comte de Saxe , & le voyant entrer
dans l'orcheftre un jour qu'elle jouoit
le rôle de Phédre , dans le moment
qu'elle dit à Hypolite, *au défaut de ton
bras, prête-moi ton épée* ; elle sauta sur
Hipolyte , lui arracha son épée , & la
lança dans l'eftomac du Comte , à la
face de trois mille ames. Relifez le
Fils naturel ; vous trouverez dans l'en-
tretien qui suit ce Drame , & que vous
citez dans l'errata de votre Livre ,
qu'une femme qui aimoit beaucoup
son mari , ayant appris un jour qu'il
venoit d'être affaffiné par son beau-
frere , chez qui elle l'avoit prié d'aller,
elle vola vers lui , & l'ayant trouvé
expirant , elle s'élança sur ce cadavre

adoré, en lui difant avec des tranf-
ports incroyables : *Hélas ! quand je
t'envoyai dans cette maifon, je ne pen-
fois pas que ces pieds te menoient à la
mort.* Relifez l'hiftoire ; vous y lirez
cent mille traits de paffion. Faites-
vous ouvrir les porte-feuilles de mille
gens du monde ; vous y trouverez des
milliers de lettres pleines des plus vives images de l'amour. Vous me di-
rez que la paffion qui eft dans ces lettres ne fut point fentie, & n'eft qu'un
monument de l'artifice de l'imagination ? & je vous répondrai, avec beaucoup plus de raifon & de certitude,
que vos doutes fur la fincérité des femmes qui les ont écrites, font pour moi
dans un des points de notre difpute,
parce qu'il eft certain que ces lettres
étant très-tendrement écrites, fi elles
ne font que des impoftures ingénieu-
fes, prouvent que les femmes poffe-
dent, & à un degré éminent, ce don

d'exprimer que vous leur refufez. Car vous ne pouvez difconvenir qu'il ne faille un génie tout particulier pour rendre avec beaucoup de paffion un fentiment qui n'exifte nullement dans le cœur. Vous ne voulez pas croire que les *Lettres d'une Portugaife* foient l'ouvrage d'une femme ? mais vous croirez bien , j'efpere , que les ouvrages de Sapho , les Elégies de l'amou-reufe la Suze , les vers de la tendre Deshoulieres , les *Lettres d'une Péru-vienne , Cénie* , les Lettres de la Préfi-dente Ferrand , &c. ne font pas l'ou-vrage d'un homme.

Toutes ces autorités fuffifent, Mon-fieur, pour prouver que les femmes font très-capables de fentir , & plus capables d'exprimer. Mais les preuves ne fuffifent pas pour convaincre un homme qui a des raifons de chérir fon erreur. Vous infiftez pour tirer de vo-tre obftination toute la douceur que

vous vous en êtes promife ; vous dites.... enfin que ne dites-vous pas?
Toutes les injures, toutes les exagéra-
tions, tous les paradoxes, fe préfen-
tent à votre efprit, & vous les faififfez.
Mais c'eft confier le foin de vos triom-
phes à vos ennemis. Vous n'avez pas
penfé que toutes ces calomnies avoient
nos fentimens pour objection, & jufqu'à nos malheurs pour réponfe. Vous
attaquez les femmes trop vivement.
La force de votre éloquence nous por-
teroit quelquefois à vous croire ; mais
vous vous ôtez jufqu'à la reffource de
notre féduction, à force d'abufer du
penchant que nous aurions à les calomnier avec vous. J'ofe le dire, à notre
honte, nous vous avons l'obligation du
peu d'équité qui nous refte : il ne dé-
pendoit que de vous que nous puffions
faire d'excellens Livres contre elles,
après avoir lu le vôtre.

Je vous avoue, Monfieur, que tout
cela

cela devient bien incompréhensible,
quand on a lu le portrait divin &
presque magique que vous faites de la
pudeur. Il ne sortira jamais de votre
plume rien de si bon, de si beau, de
si fini que ce portrait. Il prend envie
de croire que le vrai bonheur, le véritable amour, consiste à avoir les yeux
fermés auprès de ce qu'on aime, à
n'oser regarder ses charmes, à se pri-
ver d'un plaisir, pour un plaisir plus
grand, quand on a lu des maximes si
nobles, si pures & si séduisantes. A
présent, Monsieur, permettez-moi
de vous demander si vous ne croyez
pas que cette peinture dépose contre
vous? L'image positive que vous vous
êtes-fait de la pudeur, suppose néces-
sairement une estime & un goût inté-
rieurs pour les femmes; cependant
vous en parlez de façon à faire croire
aux meilleurs esprits, que vous les méprisez souverainement, & que votre

B

mépris eſt formé de haine & d'averſion. Un homme comme vous ne fait point de Roman. En nous préſentant les traits de la pudeur, vous nous autoriſez à penſer que vous croyez ces traits réels & bien palpables, & quand vous nous peignez enſuite les femmes avec des couleurs ſi odieuſes, vous nous faites penſer que vous vous êtes repenti de leur avoir rendu juſtice, que votre plan étoit de les avilir à votre gré, & que vous avez été furieux que des qualités ſublimes que vous ne vouliez point voir en elles, ſoient venu déranger l'ordre de vos offençantes idées. Tout cela nous perſuade que vous les maltraitez moins par raiſon que par humeur, & cette humeur eſt la plus inconteſtable preuve de maladie & de fermentation dans un homme qui a tant de raiſon, tant de probité, tant de pénétration. Oui, Monſieur, vous mépriſez moins les femmes que vous ne dites, vous les haïſſez moins qu'il ne paroît, & la nature vous trompe. Vous ſeriez demain plus équitable, & meilleur juge, ſi vous vous portiez mieux.... (1) Je ſuis perſuadé que votre léthargie n'eſt pas ſans remede, puiſqu'elle n'eſt pas ſans intervalles. J'oſerois parier que ce n'eſt que pendant le jour que vous éprouvez ces mouvemens violens, & que pendant la nuit, dans des ſonges aimables, vous vous repréſentez les femmes ſous des traits plus dignes de l'humanité. Oui, c'eſt dans une nuit que votre imagination a tracé le portrait de la pudeur. Vous êtes dans l'état d'un homme dont j'ai lu autrefois l'hiſtoire. Je retrouve vos erreurs dans les ſiennes, vos ſonges dans les ſiens ;

____

(1) En prononçant cette concluſion géometrique, une femme devant qui je liſois l'autre jour cette Lettre, s'écria : *ah ! j'allois le dire.*

il faut que je vous faſſe juge de cette reſſemblance.

Cet homme, qui étoit Indien, & s'appelloit *Zima*, étoit né mélancolique, ſévere, farouche. La nature barbare lui avoit refuſé ce principe de joie, de ſociabilité, d'aménité, de juſtice, que nous nommons ſanté, & qui, confondu avec notre ſang, coule avec lui dans nos veines. Toutes les qualités qui ne dépendent pas de la qualité du ſang, il les avoit; droiture, fermeté, eſprit, force, pénétration, goût, profondeur, philoſophie. Si une malheureuſe conſtitution ne l'avoit pas rendu lui-même un objet malheureux, il étoit né pour partager ſon temps entre les ſages & les fous; il eût été l'admiration des uns, le flambeau des autres, & l'amour de tous. Mais le Ciel n'avoit pas voulu faire un auſſi grand préſent aux mortels. Zima ſouffroit toujours. Une douleur con-

tinuelle aigrit fon fang, blessa fa raifon; il fe fentoit fait pour être heureux, il voyoit mille coquins merveil-
leufement conftitués, il fut indigné
du bonheur des méchans; l'attrait de
la révolte devint fa confolation; l'imagination ne put s'arrêter; de la haine
des caufes, il paffa à la haine des effets, & il abhorra tout l'Univers.
Cet état n'eût été que trifte, & il y
auroit eu du remede, fi un malheur
plus grand que fon principe, n'avoit
dû le perpétuer. Zima, mélancolique, avoit fouhaité d'avoir pour
maîtres, des Solitaires auxquels une
certaine conformité d'extérieur l'avoit
attaché; il s'étoit jetté de lui-même
dans leur fein dès l'âge le plus tendre;
ainfi le monde n'avoit pu employer
en fa faveur aucun de fes remedes,
& le malheureux étoit livré à tout le
danger de fa maladie. Ces Solitaires
n'étoient heureux & fages qu'en appa-

rence. La fougue & l'imbécillité de l'enfance avoient fait la réfolution des uns ; le défefpoir des paffions avoit fait la vocation des autres. Quelle école pour Zima ? Il s'affocie préférablement à ceux qui plus tourmentés que les autres, peuvent lui faire plus de mal , par le plus grand mal qu'ils fouffrent. C'eft ainfi qu'un malade fe plaît à aggraver encore les caufes de fa mort par les fantaifies de fon appétit. On fent que cette fociété ne peut que lui être fatale. Des hommes qui ont quitté le monde, parce que la fortune & l'amour les ont haï , font des tableaux affreux , & un jeune efprit que la mélancolie confume , écoute comme des oracles les deftructeurs du genre humain. Leurs fentimens cruels, leurs peintures homicides, font la feule confolation qui leur refte , & Zima ne voyant que des portraits affreux , & les croyant fideles , doit abhorrer

les objets qu'ils repréſentent. Le ma-
léfice eſt bien-tôt parfait. Le monde
lui devient odieux, le tombeau où il
reſpire un venin ſi fatal, lui paroît un
aſyle encore trop incertain contre la
corruption qui inonde la terre, il ne
peut être ſage qu'à force de mépris
pour les hommes : mais les femmes
ſurtout lui paroiſſent odieuſes & redoutables ; à ce ſeul nom il tremble ou
s'enflamme. Il ne peut l'entendre ſans
entrer dans des convulſions. Ses mouvemens ſont alternatifs, & peignent
également la haine. S'il conſidere leurs
charmes, il pâlit ; s'il conſidere leurs
vices, il s'emporte.

La nature cependant voyoit ſa fré-
néſie avec horreur. Elle regrettoit un
homme qui eût été bon pere, excel-
lent mari ; & pour le rappeller dans
ſon ſein, elle imagina de lui inſpirer
des ſonges aimables. Bien-tôt les nuits
de Zima furent des jours ſereins. A

peine étoit-il endormi, que des êtres charmans s'offroient à son imagination. Ce n'étoient pas seulement de belles femmes, des femmes tendres; le plaisir & la beauté n'eussent pas suffi pour séduire un homme tel que Zima : les vertus s'unissoient aux attraits; l'esprit au sentiment; les graces au génie, au goût, à la pénétration, aux qualités les plus touchantes & les plus rares, & formoient de ces tableaux qui forcent l'esprit à croire les prodiges, & le cœur à les adorer. Zima pénétré du charme de ses rêves, ne rêva bien-tôt plus comme un autre. Son imagination s'échauffa; il fit des discours en dormant, & sa langue conduite par la nature, n'exprima plus que la vérité. Que ses idées étoient tendres! Que ses expressions étoient vives! Que les femmes étoient belles! Ah! ce n'est qu'à l'amant le plus tendre qu'il est permis de s'exprimer

ainsi quand il ne rêve pas. Il fit un
jour le portrait de l'amour endormi sur
le sein de la modestie. Quelle vérité
il y avoit mis, quelle expression,
quelle nobleffe, quelle paffion ! Non,
les Graces & l'Amour n'auroient jamais pu mieux peindre leur triom-
phe.... Il ne reftoit pourtant rien de
tout cet enchantement, dès que Zima
r'ouvroit la paupiere; il ne s'en im-
primoit rien dans fon cœur; & le
jour, fait pour éclairer la nature,
devoroit, à fon retour, les traits charmans qui l'avoient caractérifée pendant la nuit. L'infortuné Zima n'en
étoit même que plus agité; s'il fe rap-
pelloit fes fonges, c'étoit pour les regarder comme des trahifons de fon
génie, & pour en détefter le fouvenir.
La fureur s'emparoit de lui; il écrivoit
alors; les blafphèmes & les horreurs
couloient de fa plume empoifonnée,
& malheur aux amans jaloux ou chi-

mériques qui auroient lu ces libelles horribles ; leur ame tourmentée n'eût plus éprouvé que d'affreux sentimens... Les Dieux, qui entendent les gémissemens de la beauté, ne prendront-ils pas sa défense ? . . . .

Non loin de la demeure sombre où Zima se consumoit dans les accès d'une fievre violente, étoit un petit bois où la misanthropie pouvoit jouir librement d'elle-même. Zima alloit s'y promener souvent. Il avoit adopté un chêne sous lequel il s'asseyoit toujours, & cet arbre, autrefois peut-être l'heureux berceau des tendres amours, n'étoit plus maintenant que l'asyle des noirs soupirs & des criminelles méditations. Zima s'y endormit un jour. Ce sommeil ne ressembla point à celui qui rendoit ses nuits si délicieuses. Il y rêva, mais, au lieu des graces, il vit les furies. Leur aspect le fit frémir ; sans se reveiller il prononça quelques

mots injurieux. Ces phantômes difpa-
roiſſent : de nouveaux prennent leur
place. Ce font les ſyrenes qui ont fuc-
cédé aux furies. Il entend leur voix
enchantereſſe. Leur nombre double,
à ſes yeux, par l'opinion qu'il a de
leur impoſture. Il eſt frappé du malheur de la terre ; il s'éveille en apoſtro-
phant ces monſtres redoutables. Mais
quel objet frappe ſes regards ? Les
dieux du haut du ciel ont jetté à ſes
côtés Hébé ou quelque Nymphe plus
aimable. Il veut la fuir, il eſt forcé
de la conſidérer ; il ſe ſent enchaîné ;
mais ſon eſclavage l'irrite, & des injures expriment l'hommage de ſon
cœur. Que venez-vous faire, Madame ? Qui vous appelle en ces lieux ?
Ah ! n'eſpérez pas me ſurprendre ; je
vous connois, je connois votre ſexe...
Si vous le connoiſſiez, vous ne le fui-
riez point ; vous ne ſeriez pas dans
ces bois ; vous chercheriez l'objet que

l'amour fit pour vous... L'amour ? Il a respecté ma vertu ; il a craint ma pénétration ; jamais il n'osa me parler pour un sexe qui n'est fait que pour mon mépris... Non, Zima, il n'a pas craint de vous parler ; mais vous avez craint de l'entendre. L'agitation de votre sang & la férocité de vos maîtres vous ont rendu sourd à sa voix : des maximes barbares ont prévalu sur des idées naturelles, & cela arrivera toutes les fois que l'on fuira la beauté..... Ah ! je connois bien la sagesse des maîtres que j'ai écoutés ; je connois bien aussi le danger des conseils que vous voudriez que j'écoutasse : mais les dieux vous ont armée en vain de tant de charmes. Ma raison prévaudra... Dites votre malheur, & je m'en rapporte à vous-même. Ne sentez-vous pas vos maux adoucis par ma présence ? S'ils le font & que vous ne vouliez pas que mes conseils achevent

dé vous guérir , ne concevez-vous pas
que votre opiniâtreté eft un malheur
pour vous ? ... Non , Madame., vous
êtes belle , vous avez de l'efprit , vous
me tromperiez mieux qu'une autre ,
mais vous n'aurez pas l'honneur de
me perfuader..... Ce fera un regret
pour moi. Je fuis libre , ma deftinée
dépend de mon cœur , & mon cœur
attend un honnête homme. Vous
êtes cet homme-là , votre réputation a
paffé jufqu'à moi ; j'ai adoré vos vertus : j'ai fenti , j'ai cru fentir du moins
que je vous appartenois déja ; faudra-
t-il que je me fois abufée ? Vous avez
des parens qui vous chériffent , & que
votre fuite défefpere ; ils m'ont parlé
de vous ; je leur ai parlé pour moi.
Ils m'ont tout permis : abandonnée à
mon génie , je n'ai confulté que lui ;
j'ai fçu que vous veniez vous promener ici, j'ai volé fur vos traces... Mé-
priferez-vous mes vœux & ma fincé

rité ? Voudrez-vous que le plus fenſi-
ble outrage m'ait été fait par le plus
honnête homme.

Zima la regardoit , l'examinoit,
fentoit fon cœur palpiter ; mais il reſ-
toit debout , & étoit toujours prêt à
fuir. Cependant l'inconnue avoit des
yeux charmans , un fon de voix digne
de paſſer au cœur , un teint plus vrai ,
plus éblouiſſant que l'éclat des roſes ,
une gorge telle qu'on en imagine à
l'aurore naiſſante ; & la vérité , cette
vérité , plus touchante que les graces ,
plus perſuaſive que l'eſprit , fe pei-
gnoit dans fes regards , dans fes mouvemens, dans fon filence. Ah ! Zima,
pourras-tu réfifter à la volonté des
dieux qui fe déclare ? . . . Il l'examine
encore , il voit tout ce que je viens de
peindre , il fe rappelle tout ce qu'il
vient d'entendre , il fent qu'il doit
quelque choſe à la reconnoiſſance ,
mais il n'eſt encore que reconnoiſſant;

& ce qu'il répond laiffe encore crain-
dre bien des difficultés.... Zima, re-
prend l'inconnue, je vous vois plus
prévenu qu'infenfible. Votre préven-
tion eft le crime des autres, & ne
m'offenfe pas. Mais, pour vous-même, fouffrez que la vérité & le plaifir
ofent la balancer aujourd'hui. Songez
que je vous apporte mes premiers
vœux, mes premiers regards; on dit
que le cœur des mortels attend nos
premiers fentimens, pour être rempli?
Vous êtes au centre des plaifirs; les
croirez - vous plus dangereux, plus
méprifables que des impofteurs qui
vous ont perdu.... Non, je crois les
plaifirs néceffaires; je ne les fuirois
pas, s'ils avoient confervé leurs premiers charmes : ils étoient faits pour
nous rendre heureux; mon cœur, fans
les avoir jamais connus, en chérira
toujours l'image; mais ils ne font
plus, ils ont péri par les mains qui

nous les difpenfoient.... Croyez-vous
que toutes ces mains foient devenues
criminelles ; Eh ! le ciel auroit - il
voulu le permettre ? Non , Zima , il
refte des femmes eftimables. Je ne
difputerai pas fur le nombre , mais
il n'en faut qu'une à un honnête homme ; elle exifte , elle eft devant vous ,
& je vous l'offre.... Vous me l'offrez ?
J'aurois tout trouvé , fi vous étiez fin-
cere. Mais l'impofture a pris cent fois
ce langage enchanteur : j'ai vu le
malheur des hommes ; dois-je me fier
à des fermens ! . . . Vous le devez , &
j'en appelle à votre cœur. Malgré votre haine obftinée , n'avez-vous pas
quelquefois imaginé une femme tendre , honnête , fidelle , careffante ; ne
s'eft-elle jamais offerte à vous , en
fonge ! . . . En fonge ! Oui , j'avoue
que dans l'abfence de la raifon , dans
ces momens que la nuit foumet à l'erreur , la femme que vous peignez s'eft

quelquefois offerte à mes sens….. Eh
bien, c'étoit moi ; je me reconnois
dans ces songes, & j'y verrois mon
bonheur si vous vouliez être juste. In-
formez - vous de moi, je m'appelle
Zirbé, écrivez à vos parens ; il vous
diront que jamais l'artifice ne souilla
mes levres ; que cette beauté que vous
avez daigné remarquer, ne me ren-
dit jamais, ni vaine, ni foible, ni
trompeuse ; que je possede une fortune
considérable ; que mon rang n'est in-
férieur à celui de personne. Ils vous
diront….. Non, Madame, ils ne me
diront rien, car je ne les interrogerai
pas ; je devine tout, je sens que j'ai
trop douté, & mon cœur vole vers
vous pour expier tous mes crimes….
&c. &c. &c. &c.

Cette histoire, Monsieur, est la
vôtre jusqu'au dénouement ; j'aime
du moins à le croire ; j'aime à penser
que vous ne haïssez, ne méprisez
tant les femmes, que parce que vos

chagrins , vos réflexions , vos sociétés
ont nourri l'enfance d'un premier pré-
jugé. Zima fut défabufé , devint fen-
fible , & fut heureux. Puiffe votre fin
reffembler à la fienne ! Zirbé lui per-
fuada par fes difcours & par fes mœurs,
qu'il étoit beaucoup de femmes eftimables. Puiffiez - vous trouver une
amie qui foit affez jaloufe de votre
eftime , pour vouloir que vous méri-
tiez celle de fon fexe ; par un défaveu
de vos outrages ! C'eft le vœu d'un
homme qui , tourmenté par l'idée de
tout ce qui peut vous nuire , a cru de-
voir chercher ce qui pouvoit vous
convenir ; d'un citoyen qui , porté à
s'occuper des intérêts de la fociété , a
vu qu'elle gagneroit beaucoup à lire
vos écrits ingénieux , profonds & fublimes ; à vous connoître , à vous entendre ; fi l'on parvenoit à détruire la
caufe de vos maux , qui font les fiens,
quand vous l'abandonnez. J'ai l'honneur d'être &c. LA BASTIDE.

www.ingramcontent.com/pod-product-compliance
Lightning Source LLC
LaVergne TN
LVHW012103030726
842523LV00002B/689